La poésie est le miroir brouillé de notre société. Chaque poète souffle sur ce miroir, son haleine différemment l'embue.
    Louis Aragon (1897-1982).

Aimer c'est faire un même rêve ensemble,
imaginer un monde différent, meilleur en simultané.

Tant que les hommes seront assoiffés d'invisible
il y aura de la poésie.
   Thomas Pontillo

A tous ceux entrevus ou familiers qui m'ont donnés mon humble inspiration, morts ou vifs, je les remercie,
A Maurice, Alice mes grands parents maternels
A Michel et Colette mes parents.

Synchronicité

Des événements ont lieu en même temps
Lointaine ou proche corrélation qui nous ment
Etre synchro c'est donner au temps un partage
Peu importe la causalité, vieil adage.

Il existe un orgasme en rodage
Une union unique sans paravent
La coïncidence a un sens émotionnellement
Signe du destin, le débondage.

Clef de soi-même la méditation
Esprit et matière sont alors en relation
Le miracle est sublimation d'hasards heureux.

Jung, le temps sans cause est ambitieux
Energie du cosmos par Dieu exil d'hébreux
Laisser agir son intuition ultime tentation.

Ode Meilleurs vœux

Mon humble personne vous adresse ses vœus
De bonne année en poésie qui ne sonne pas creux.
Le réchauffement climatique nous est radieux
Après Noël au tison plaire aux hommes et à Dieu
La paix retrouvée en tout lieu
Prière énoncée en tout lieu
Sous les nuages et dans les cieux.
Pour tous les humains jeunes et plus vieux
Marchant dans la lumière nouvelle, part dieu !
Noé, Cham, Japhet et Sem réunis au milieu
De la Terre de Paris et sa banlieue.
Nouvelle année! Sortons de notre pieu
Et ouvrons nos mirettes et nos yeux,
Mangeons de bonnes choses achetées à une lieue.
Une chanson interprétée par Nicole Drieux
En sourdine après un repas copieux
Agrémenté de jeux de mots malicieux
Par un humour, d'un esprit fallacieux
Qui engendre un sourire gracieux
Faisant oublier les cours magistraux de Jussieu.
Les nids de poule néfastes à nos essieux
Laissés pour compte par nos aïeuls.
Que votre chemin éclairé de lumières soit silencieux
Sécurisé sur une route, espace spacieux.
Ode ! Quand tu nous tiens éloigné de tout acte odieux !
J'ai pris le temps pour écrire qui m'est précieux
M'éloignant de la mort pour un moment joyeux
A partager en famille en esprit parcimonieux
Econome, antigaspi dans un élan harmonieux

7

Avez-vous aimé mon ode, vingt-deux, an soyeux ?
Tous les suffixes sérieux sont victorieux.

Clode P.

8

Au bout de la nuit.

J'ai été au bout de la nuit
Maintenant c'est une autre aurore
En état d'espérance je subodore
Un chasse spleen je boude l'ennui.

J'apostrophe la grâce elle ne me fuit
Souffrance tu nous tiens en ton nouvel an, gui
Mon Dieu avec talent tu offres or et argent
Tu es ma consolation, le partenaire de mon sort.

La victoire rime avec l'espoir
Quérir la guérison ton bon vouloir
Humbles et pauvres aimez vous les uns les autres

Rassemblez vous dans les églises comme les apôtres
Près de Jésus pour partager le pain, l'épeautre
En pardon devant Dieu et prière du soir.

Caissière

Mon ego est froissé par une caissière
Qui a pris ma mie comme une aide ménagère,
Attifé d'un chapeau, d'un capuchon
J'apparus comme un handicapé à l'air cornichon.

La caissière forte en chair aux gros nichons
Passait les articles, les plantes potagères
Prises allègrement des étagères
Sans oublier ma bière, un rince cochon.

Après la pluie mon vœu de vieux
Etait de porter les sacs sous d'autres cieux
Sous les yeux des dames roturières.

Penchée à la caisse les fesses en arrière
Pensant plus en l'état à leur carrière
Nous observions goulûment les gestes barrières.

Pamphlet

Le pamphlet dit ce que personne ne veut entendre
Il attaque ceux qui usent de leur pouvoir
Pour anéantir par l'argent capitalisé, notre savoir,
Le pamphlétaire lanceur d'alertes n'est jamais tendre.

Dans la rue les SDF quémandent l'aumône dans leurs cendres
Des pièces communes dans une auge à s'y méprendre
RSA, tutélaires, exilés roumains sans masque ni bavoir
Ils interpellent sans violence la pauvresse au lavoir.

Pauvres, affligés, délaissés, miséreux, nés prédestinés
A la mendicité ? Ils ne sont pas honteux ni rustinés
Ils sont là comme de vieux pneus usagés sans concerts.
Avec mes tripes je donne ma monnaie, sincère
Que faire de plus ? Une émotion pour un merci, tristes hères.
Triste ère de l'exil européen, pâle pôle emploi, ma chair
Jamais en groupe, seuls, jamais agglutinés
Leur faciès commandité en une humilité ratatinée.

Sexagénaires sans famille pas timides, âmes timorées
Des hommes perclus de souffrance et de dettes majorées
Avec insolence leur vue afflige notre innocence.
Ces hominidés à la vie sans tâches ont pris la France
Pour un Eldorado où l'on mange aux frais de la présidence
Croisant des milliers de regards lasers en guise de providence ;
Les puissantes firmes impuissantes même sans publicités
Offrent aux publicains le goût de l'argent dans la cité.

11

Offrir l'obôle sans risquer la lobotomie
C'est prendre de son gousset la petite pièce en dichotomie
Laissant les plus grosses pièces au fond de son perchoir
Le crétin de rat mettra son slip sur son séchoir.

Indigents, humiliés, dupés par la société d'espoir
Devant laquelle ils protestent, un gobelet en guise d'ostensoir
Sont-ils sensibles à l'humour plus qu'à Voltaire ?
Sans protestation ils s'agenouillent par terre à se taire.

Illusoire Amour du prochain tu as donné plus,
Mais c'est à dire à personne, ce secret blanchit les us.
L'art n'a rien à voir car il se vend cher,
Aux enchères ou au comptant les prix montent, peu chère.

Un gobelet vide à vendre devant une porte cochère
C'est leur guerre que d'antan était nommée naguère
Demander au passant bourgeois, machine à penser en sus
Voilà leur malheur ; ils n'ont pas créée les Puces !

De parents publicains, je hais le pouvoir de l'argent
Ceux qui accumulent sans dépenser pour ces gens.
Justice Sociale tu t'en fous, lustreurs de pavés
Cette situation me dérange me révolte, AVE !

Sans pudeur, égale déprime sans illusion
Liberté quand tu nous tiens ! Réseau de SDF en formation
Quête en Eglise avant homélie, apparat en chasuble
Les prières élèveraient les humbles ?

Sonnet d'égo

Consensus entre docteur et moi je suis bi-épaulaire
Ou bipolaire sans esprit extraordinaire
Avec ma faible libido amateur d'AOC Pernand vergelesses
Entre dépression et euphorie je tergiverse.

Un roi capétien fainéant du reste épistolaire
plein d'euphorie et de joie, quelle faiblesse ?
Un roturier sans robe, une épée comme héritage de noblesse
Par des gènes de la France séculaire

Cousin éloigné de vieux papes, d'écrivain septuagénaire
Pro européen sans victoire, Victor Hugo débonnaire
Sans abus de rentier, pâle mollesse.

J'écris mon sonnet avec souplesse
Plutôt souffrir la Mort sans rudesse
Que changer le vin en eau dans un container.

Un homme sur la lune

Les actionnaires se rémunèrent auprès des fonctionnaires
Fidèles, ils changent rarement de partenaires.
Adroits, les ordinateurs ternaires et binaires
Ceux qui ont permis le survol lunaire.

En atterrissant dans un discours révolutionnaire
Bravant la poussière tourbillonnaire
Les hommes pris par leur folie ordinaire :
Un pas de plus pour l'humanité, nous mercenaires.

Là pas besoin de concessionnaire en séminaire
Ni de maître hôtelier d'art culinaire
Braves astronautes fins limiers de notre millénaire.

Des restes volcaniques ou météorites en cubitenaire
Ils amassent pour la science en permissionnaires
Témoins d'un astre mort qu'ils incinèrent.

ONZAIN

J'hésite encore à apprendre mon bréviaire
Je désire éteindre l'incendie avec un canadair
Piloter l'averse sur le feu débonnaire
Engendré non pas créé par une éclipse solaire.
Comprendre mieux le vieux français par un abécédaire
Guider ma lampe à huile allumée sous un lampadaire
Pas encore veuf ni octogénaire
Guerres et calamités naturelles pour légionnaires
Ou diplomates en goguette, beaux visionnaires
Des chiffres de débâcle sanitaire.
Une lutte politique dénoncée par des pamphlétaires

Avant le mois commémoratif de Molière
Zemmour sans humour franc et sa semaine judiciaire
Réfute, calomnie les sondages stationnaires
Comblé de mauvais sorts et de disgrâce, belle prière
Il espère, en vieux rat, sa cause humanitaire
Par une audience qu'il veut planétaire.
Ainsi Hidalgo, Taubira voir Pécresse et leurs coreligionnaires
Comme Le Pen chez Léon à Noel et ses des moules marinières
Dupont Aignan et ses congénères d'élus missionnaires
Restent opposants à Macron, non démissionnaire
Mélangeant avec Mélenchon les mots de la sauce claire.

15

Trouvons donc notre futur président notre partenaires
Ecartons d'abord tous les menteurs et les faussaires
Tous les gloutons du capital aptes aux affaires,
Elites louches aux rendements imaginaires.
Français avisés de toute science corrélaire
A tout choix au moment calendaire
Du vote national que tu vas faire
Réfléchis mais pas trop sans braire
Comme un âne et sa meneuse anière
Pour opter le meilleur sans colère,
Candidats de tout poil tu tolères.

Que s'éteignent tous les lampadaires !
Sauf ceux de notre chemin qu'ils éclairent !
Totalitaire ! Tu nous tapes sur les nerfs !
Rendus aux émeutes violentes et processionnaires
Viens-tu du cœur de la sorte, artère coronaire ?
Pensez-vous tous être les enfants d'Appolinaire ?
D'Elluart de Simone de Beauvoir présents dans l'annuaire.
Tous ces écrivains ont des congénères
De Sartre à Raimbaud que tous les collégiens vénèrent
Pour leur inspiration créative, ces hommes procréèrent
Pour leur prospérité comme un renom fixé par un scanner.

16

L'or des ténèbres

Toi, fille noire d'ébène des ténèbres
Tu t'écries toujours et encor
Tu te plantes dans mon décor
En attente du printemps que tu célèbres.

Nous, noir et blanc façon zèbre
Tu hais fleurs, bijoux et or
Plus, tu fulmines par ton corps
Ne franchis jamais le Rubicon ni l'Ebre.

Tu t'imagines résistante au Vercors
Soumise, tu attestes un accord
Nous rechignons à devenir archicélèbres
Oubliant le mal de talon et nos vertèbres.

A compter son budget par l'algèbre
Jamais elle ne chantonne de chant funèbre
Nue, elle a le potentiel de l'hardcore
Plutôt un chasse spleen au son du cor.

17

L'aventure de la littérature

La littérature n'est pas une dictature.
Libre à la créature d'apposer sa signature
Elle est mâture devant la mandature
Elle n'est pas candidature pour la magistrature
Elle se donne en pâture dans la nature,
Craignant la courbature pour son ossature
Elle se plaît dans une bonne température en villégiature,
Fertile en nomenclature elle ne se trompe pas en ligature,
Son armature sature dans une bonne stature
Se souciant peu de la quadrature ni de la troncature
Elle laisse l'épieur imposer sa filature.

oh Marie!

Jolie! Jolie enfant en anglais nice
Ta chevelure est celle de Bérénice
Le calice est plein, vent d'ange de septembre
Mon pénis geint malgré la racine de gingembre

Ave Maria! Tu est aussi belle qu'Adonis
Tu te cambres par l'Esprit ceint dans ta chambre
Orgasme divin tu n'oublies aucun membre
Nie mon épaule que rajeunisse par liqueur d'anis.

La pierre céleste agate couleur ambre
Ne reste pas isolée dans l'antichambre
Dieu t'a choisie pourvu qu'il ne te honisse

Marie, tu n'oublieras pas Joseph jusqu'en novembre
En Avent, que ton Dieu ne te punisse
Elle qui crut assez l'ange et la croix de lambre.

Accompagnement

Claude le pouilleux amateur de champagne!
Descendant de Saint-Louis et Charlemagne
Tu n'aimes pas violemment la castagne
Ni les guerres mondiales contre l'Allemagne.

Alsace et Lorraine on regagne
Entends tu les cris sourds venant de la campagne?
Quand ôteras-tu, majestée, ton pagne?
Penses-tu être enfermée dans un bagne?

Près de Nice ou aux environs de Câgnes
Préfères-tu porter avec allégresse le passe-montagne?
Si tu passes à Irun en Pyrénées ou d'Espagne

Sage, je te raccompagnerai à Aubagne.
Aimerais-tu passer deux années de khâne?
Le temps est compté, en ruée, tu te magnes.

20

Requête pour faire taire les sectaires minoritaires.

Rassemblons-nous pour notre réunion statutaire.
Mariés ou célibataires nous sommes volontaires
Pour avoir accroché notre veste au perroquet,
Nous pouvons alors assister au banquet.

Ce n'est pas sans commentaire ni hoquet
Du Resto Du Cœur tous locataires
De signe serpentaire ou sagittaire
Il fait sans doute frisquet dans le bosquet.

Fermons notre caquet et notre loquet
Armons-nous religieusement d'un mousquet
Jouons au Jacquet ou au bilboquet
Devant la secrétaire velléitaire et pamphlétaire.

Totalitaire et autoritaire elle reste sédentaire
Comme une signataire sursitaire
Prioritaire d'une classe élémentaire
Sur un freluquet elle déblatère.

Meilleur que Saupiquet, justice sur le parquet
Fêtons les anniversaires avec bougies et briquet.
Un biquet coquet boit au baquet
Ticket au tourniquet sans acquet.

Nous soutenons tous sociétaires une cause humanitaire
Bonté héréditaire sous clauses obligataires.
Cabots, cleps, chiens et roquets
Les diamantaires n'y sont pas majoritaires.

Soumission

Etre soumis est être docile
L'obéissance peut paraître facile
Se faire dominer sembler une montagne
Mais il faut répondre avec déférence sans hargne.

Forces bourreaux dignes du bagne
Soumission de l'homme ou de la femme gracile
Par synchronicité opportune amoureuse et érectile
Sans perdant d'un jour de vie, qui gagne?

Un jour seul, un jour accompagné
Un jour vifs, serrant fort son panier
Liberté chérie qui côtoie la fraternité.

Quelle fière statue pour l'éternité?
Tu es sœur jalouse pour l'égalité
Frérot publicain es-tu devenu casanier?

Marie pleine de grâce

Oh Marie! Mère de Jésus vierge et reine
Par ton intercession que je comprenne!
S'interdir d'écouter le chant des sirènes,
Et draîne ma douleur comme une moraine.

Je ne fuis pas le danger comme à Varennes
Tu n'as plus de traîne, marraine!
Tu freines l'invasion de l'Ukraine
Le roi aimant son ministre Turennes.

Le père Noël juché sur son renne
Que nul ne s'en méprenne
Donnant étrennes sous étui en polystyrène
gréant le bateau de Noé en carène.

Marie statue tu as l'apparence sereine
Tu ne fuis pas comme lapin de garenne
Au pied d'une croix romaine, d'un frêne
Ma prière de guérison reste pérenne.

23

Abscon

Ici à Bécon pas de flocon au balcon
Ni de bruyères à Francon ni Tarascon
L'hiver continental est coriace
Le matin, le gel sur les vignes tenace.

La pyramide de Falicon est dans son cocon
Invoquons Dieu pour sa grâce
Libère nous avec miséricorde de nos angoisses
Buvons l'amère bière picon.

Le parfait homme gascon issu du caf' con'
Mange bacon et bec-de-faucon ; se purge au catholicon
Il se prélasse dans un bain de mélasse

Il embrasse une limace sans sas
Las, il préfère la carcasse de la rascasse,
Déterre le zircon dans la valley silicon de Bricon.

Ventilo près du cubilot

En ce temps là, Claude vivait à Fayl-Billot
Dans son jardin poussait le mélilot
Il avait été interne à Chaumont
Où il rencontra de nombreux démons.

Il aimait beaucoup la salade du Piémont
Il maniait déjà stabilo et stylo.
Bipolaire devenu il prenait des kilos, par son ciboulot;
Il aimait la cueillette des champignons à Belmont.

Claude alors ne fumait pas des cigarillos
Il avait la tête sur le billot, sans boulot
Etudiant en seconde à Langres.

Sans avoir pêché des cabillauds avec palangre
Ni atteint, angry l'ilot sur l'Angre
Il était venu tel un ange manchot comme Vénus de Milo.

25

Justice gratuite

Je suis en paix, ému par la trottinette
Reste à créer une galopinette
Pour vingt scènes à Longchamp
M'Bapé sélection par Deschamps

A califourchon faisant des galipettes
La jeunesse hume la brume des champs,
Fauché, l'artiste peintre se penchant
Sur son presque nu habillé en salopette.

Tous sur le noble et son hérédité
Toute sa vie conte sa frilosité et sa frigidité
Baron noir ou volatil grand duc

Rendant justice sous l'arbre caduque
Il fustige la plèbe et l'éduque
Le président de la cour dessine leur rigidité.

Annexion ou non

Qui de l'Ukraine ou la Russie sera vainqueur?
Le braqueur Poutine nous fait peur
Loin de l'armée rouge, Vincent Niclo et ses chœurs
L'histoire de l'URSS nous la connaissons par-cœur.

Adepte de judo il s'avoue violeur et matraqueur
Sa vodka est une triste liqueur
Nenni l'envahissement sans heurt
Il a le cœur d'antan plein de rancœur.

Sa tentative d'annexion nous frappe de stupeur
Il veut son bonheur comme un crève-cœur
En fait il est extorqueur et sans-cœur
Un arnaqueur pour faire son beurre.

Comme sacré-cœur il occasionne un haut-de-cœur
Ses petits yeux à peine ouverts sont ceux d'un enjôleur
Un braqueur face à l'Otan à son heure
Bloqueur de frontières en truqueur.

Défi de Vladimir prendre Kiev en un coup, pronostiqueur
Ainsi fait-il sur son green ukrainien un putt en un
Diagnostiqueur en belligérant pour un grand malheur
Il entonne des chants mercenaires Wagner en disséqueur.

Un clou dans le cloud

Quelle légende autour des têtes carrées de clous!
Ceux de la croix de Jésus pour le repentir
Soit quatre clous pour cinq plaies sans démentir
Une à Notre-Dame et aucun à Saint-Maclou.

Pourquoi le mystère divin nous attire?
Comme vouloir ôter un clou est ressentir
Chevauchant un bicycle ou un biclou
Un homme vif utilisa un arrache-clou.

A Saint-Quentin-Des-Sources héron sans maclou
Où trois clous sont présents dans notre maison-clou
Un christ que peu de passant attire.

Pourraient-ils d'une prière consentir?
Pour dans la foi de son Eglise se convertir,
Ces païens ces pécheurs ces mécréants à Aclou.

Carabistouille ouille

Je suis voyageur sans bagage selon Anouilh
Passant près d'un étang bordé de grenouilles
Je me considère tel croquant, Jacouille
J'entonne des chants que je bredouille
La police ASVP vaque en patrouille
Face à l'Eglise j'admire une gargouille
Tout mon esprit est en vadrouille.
Je marche dans les flaques d'eau, la gadouille
J'écrase de mon pied une branche de cornouille.

Cueillant au passage des marguerites que j'épouille
Sur le côté, un jardin planté de fenouil
Passant le pas je me grouille
Le champagne d'ici est plein de pouilles
Le ciel azuré du levant se brouille
De mon slip le caleçon pendent mes couilles
Je pense à ma dernière conquête et la ch'touille
C'était une bonne fée armée d'une quenouille
Moi j'étais près du fémicide et plein d'embrouilles.

Je ne pense qu'à une chose: que je la zigouille
Elle était sortie en carrosse après la citrouille
J'appréciai qu'à demi ses chatouilles
Car j'étais un franc guerrier, une arsouille
Elle m'a traité de connard comme une andouille.
Tout le monde sait que le sperme souille
Pour un bon repentir il faut que je m'agenouille
Ecrivain en pardon par une bafouille.
Je ne veux pas devenir casse-couille.

Dans les arbres les oiseaux gazouillent
Une chauve-souris virulente se pendouille
Je continue en marche à mâcher des mots que je gribouille
Il faut savoir tenir son stylo sans trouille
Pour écrire poétiquement une barbouille.
Rien de valeur dans mes poches qu'une bidouille
Un faux sou traîne dans mon gousset pour magouille
Il commence à pleuvoir mon ciré se mouille.
Je digère mon repas de midi, des nouilles.

Il y avait bien dans le menu de la ratatouille,
De sa soupe de poissons avec de la rouille
Une cuisson au charbon avec de la houille.
Promeneur erratique a son ego et une bonne bouille
Croisant un scarabée noir binant la terre qu'il gratouille
Avec ses pattes d'insecte il farfouille
Sous les feuilles qu'il tritouille
Bestiole sans âme du pied je l'écrabouille;
J'embrasse la fée par une papouille.

Bien torchée la gueuse avec lampe et douille.
Exilée des mines de gypse à Bernouille
Devant ses seins et cul je dérouille,
A tors et à travers sur sa patte-mouille
Je verrouille ses supposées sales margouilles
De ma conscience je mémorise ma tambouille
Je finirai café plus alcool par une bonne bistouille,
Avec sa baguette de fée je touille.
Bourde, baliverne, anerie, foire à la carabistouille

Anniversaire un vendredi saint.

Non. ne m'abandonne pas mon Dieu
Les hommes voient avec leurs yeux
Mais toi tu vois avec le cœur
Perle de tristesse sans chœur.

Simon a fait la croix sans rancœur
Boiseries de palmier très studieux
Lune et soleil astres radieux
Eponge avec hysope à l'heure.

Pleine lune éclipse Jésus meurt
Pour nous sauver de toute peur.
Nous donner le royaume des cieux.

Nous remettre nos péchés, c'est encore mieux
Il s'adresse à tous jeunes et vieux.
La résurrection de Pâques n'est pas un leurre.

31

Liberté chérie

De Palma et le bal du diable, Carrie
Femme as-tu trouvé ton mari?
En France les libertaires de l'occident
Poussent dans les manifestations des cris stridents.

Tu aimes sauter comme un cabri
Mais tu n'as pas d'amour décadent
Libertinage confessé d'un passé récent
Il ;te faut souffrir, gémir sans un cri.

Tousse, crache, éjacule fébrilement
En marche comme ce vagabond, fébrilement
Tu erres mais pour combien de temps?

Le guerres appauvrissent et nous affligent tant
On nous promet réconciliation qui nous sous-tend,
Un jugement magnanime galamment.

Colonel Barbier

Entre colonel Barbier et moi seconde classe
Y a pas match la caserne en place
Discours téléphonique interrompu, blâme
Prêtres, vicaires, recteurs belles âmes.

En septembre rée le cerf qui brame
Moi, éconduit je ne me brise pas de glace!
Injuste réprimande, pardon, je dis grâce!
Colonel Barbier me traite d'importun, dame!

Peine inscrite à mon dossier, ma peine
Qui m'irrite plus qu'elle ne me gêne
Il fut dérangé le pauvre dans son discours

Les colonels s'affichent sans recours
Moi esclave, ilote et civil sans atours
Punition idiote qui inspire la haine.

Vladimir Poutine

Vladimir Poutine un adepte du judo
A omis de se marier à la Saint Martial
Mais encoure un jugement martial
Devant les tueries indignes d'un ado.

Un seul homme qui n'est pas un cadeau
Sans pagaie il rame dans son canot
Avec un pauvre Etat Major bestial
Sanguinaire son ego en union totale.

Orphelin depuis une trentaine
Ses frères avortés décimés lui en quarantaine
Il bombarde aveuglément casse et défonce.

Ta grande Russie tu l'enfonces
Dans une solitude totale d'active défense
Pauvre démocratie incertaine non républicaine.

La guerre selon Poutine

Le dictat russe est une menace hégémonique
Comme Yalta une séparation unique
La paix froide est devenue une guerre
L'espoir diplomatique une gageure.

Migrants ukrainiens par peur
Réunification de l'URSS inique
Par un homme déterminé et cynique
Arrive le temps nucléaire à son heure.

Poète chroniqueur apte à la satire
Il est sadique par ses échecs en satyre
Sang et larmes coulent, qui tuera Poutine?

Quelle assemblée plébiscite des mines?
L'OTAN ne se décidera pas à être magnanime
Devant son ippon foiré, nous, pâtir?

35

Claude à Martine, Faustine, Justine et Emeline

Poutine a des yeux de fouine
A ses ennemis il promet la ruine.
Cyrillique est une langue qui couine
Le reste du monde et l'Otan fulmine.

Tous nos chefs d'état ruminent
Des sanctions dénuées de routine
Vengeons avant qu'il nous assassine
Dissuadons pendant qu'il domine.

C'est le même combat que contre Pauline
Qui oublie la trace de pas sur la plage d'Aline
Vrai! elle était si fraîche et câline
Elle rêvait faire bronzette aux Salines.

A Sakhaline VIP LE PEN en feutrine
Détruire Paris avec missile ou barre à mine
Tel est ton dada, vieille fouine!
Vladimir ton plan de paix tu le baragouines.

Vladimir tu as sale mine!
Car certes tu n'es pas pusillanime
Je t'envois des fleurs sans étamines,
Sur ta tombe ci-gît une photo de ratine.

En guise de paix l'ostensoir tu le burines
Mir poix en slave dit: tu patines
Ta femme ta mère ne sont plus que des gamines
Ton prénom déchets d'urine.

Tu espères l'éclair pour tes rapines
Tu as oublié tes cachets de strychnine
Sans soin ton pied cause d'épine
Et cesse de ruminer avec ta chopine.

Tu vas manger pissenlits par la racine
Te faire laver les pieds dans une bassine
Que vas-tu faire de la nuée et de la bruine?
Ton cerveau lent mériterait une rustine.

Paix pour l'Ukraine pour une tartine
Tuer des enfants sans tétine
Tu montes tes rennes et tu trottines
Au lieu de peindre les murs de Kiev en tag Valentine.

Ton armée de chars piétine
Vers l'échec tu te prédestines;
La crème l'un que tu te ratatines
Tu vas mourir et céder pour la platine.

Loin de la pampa d'Argentine
Très intéressé par la Palestine
Poutine menace par sa chevrotine
En détruisant hôpitaux et cantines.

Il mérite sans peine la guillotine
Pour toutes ses actions libertines
En Ukraine tous ses chars s'agglutinent
Ses soldats ont soif de Bénédictine.

Le paludisme se prévient par la quinine
Les mariés offrent de la nougatine
Que veut totalement Poutine?
Après la fin de L'URSS la CEI en bottine.

Il me reste à clore cette comptine
Epilogue d'une guerre intestine
Qui irrite conscience et rétine
Inéluctablement par sa force armée qui piétine.

VENGERA-T-IL LE GUERISSEUR RASPOUTINE?
MIR veut dire paix en slave. Vladi celui qui gouverne.

TOUT OU RIEN

Etre ou ne pas être dit le shakespearien
Sentiment de supériorité des ariens
Avec leurs yeux bleus qui dominent dans leur va-tout
Mondialement ils agitent leur passe-partout.

Tous les soldats ont leur fourre-tout
Le coeur brave en vaisseau coronarien
Peu importe l'épistolaire appolinairien
Sous leur casque blindé leur risque-tout.

Peu importe, traités de bons à rien
A grand peine allergiques à une cohorte d'acariens.
Ils manient les armes seules atouts.

Nouveaux, sous le covid ils se déclarent avec toux
Les dégats des bombes ils essuie-tout
D'Alger aux pays sub-sahariens.

Tous unis avec les prolétariens
De Palestine ou canariens
Ils oublient leur épouse au foetus ovarien.

Tous ennemis de l'empereur tsarien
Ils bombardent par leur brise-tout
Ils sont espions, vandales partout.

Ils tatouent surtout tatous et matous
En buvant bières et stout
Dans un faitout cuisent haricots et mange-tout.

Oh papy!

Oh temps! hâte ton cours
N'oublie pas de me venger à ton tour
Bientôt le temps de l'apocalypse
Le soleil ne tournera plus en ellipse.

Les moineaux pépient dans la cour
Dans la hauteur des cimes en isohyse
Vendredi Saint pleine lune en éclipse
Une fille aux lacets défaits pleine d'attours.

En discorde, dernière montée d'escalier
Papy s'essuie les pieds sur le palier
Il va s'aliter dans son pieu.

Pour rejoindre le royaume des cieux
A la droite de Dieu lui le maître du lieu
Comprendre son cri d'agonie dans le hallier.

Espoir déçu

Rire pour éviter l'ennui
Tous les chats sont gris la nuit
En attente d'heureux événement
Tout est action en vue de l'achèvement.

Réussite honteuse au tarot avant minuit
Qui perd gagne avec détachement
La chance est comme un accouchement.
Il ne neige presque plus dit l'inuit.

J'ai craché sur les vieilles belles-de-nuit
Renoncé à toute apathie par entre-nuit.
J'ai dénigré les belles jeunes filles

Qui pensent à leur plan plein d'idylle
En espoir gratuit sans sébile.
Programme d'octets pour le grand huit.

41

Beauf, bof

Un mariage arrangé pour la famille
Souvenirs de sac de billes
Union réservée et taciturne
Il visite la Russie de Poutine sans urne.

Lâchement il me traite de burne
Son amourette est plein de peccadilles
Sa barbe fleurie tombe dans le mille
L'ennui d'un mutisme nocturne et diurne.

Vouloir faire parler en retraite un mort
C'est qu'il est militaire sans remords
Et moi embringué comme civil.

Oh temps, ami! que ta synchronicité est vile
Militaire ou civil qui est servile?
Si tu deviens sourd et sournois tu auras tort.

Ange ou démon

Femme ange ou démon tu as procréé
Tu instaures le blâme des allergies par décret
Tu omets d'essuyer le vin du ciboire
Tu enlèves la poussière des statues d'ivoire.

La fin de la messe n'est qu'un au-revoir
Marche avec la prière en carême en secret
Tu parais pécheresse en pénitence par paquet
Ne dit-on pas qu'il faut avoir la foi pour croire?

Auguste et modeste Antoine prêtres vénérables
Je ne suis qu'un fils de publicain et contribuable.
Faire la charité est ma liberté

Je m'exclame par un hypocrite bonjour par fraternité
Près de le la corbeille d'osier quête poisseuse en vérité.
La chance pourrait sourire aux misérables.

Carême

Le carême est moment de jeûne et de diète
Pour les dimanches de joie, t'inquiètes!
Jours de pénitence et d'abstinence
En France pour le vaccin que fait la France?

Bientôt les élections et ses déférences
Pour le destin de ton pays, Marianne es-tu quiète?
Russe ou ukrainien voudrais-tu être traité de soviet?
Chômeur ou retraité cultiver ses différences?

La compétition est toujours aussi violentes
La jalousie raie d'amour polyvalente
Tous ses projets ne passent pas par moi.

Mon emploi est un je-ne-sais-quoi
Les dégâts au plafond, chacun pour soi
Les intempéries restent virulentes et insolentes.

Elections et candidats

Macron ne fait pas partie de l'Emmanuel
Communauté religieuse, alors que Zemmour
Promet un poutou en guise d'amour
Que Cadet Roussel visite Ramatuel.

Dupont-Aignan marque un essai rituel
Déjà très douée Arthaud reste actuelle
Elle remplit Lassalle de ses peintures pleines d'attours
Elle manie Le Pen et le pinceau sans détours

Farine, œuf, crème Mélenchon le tout
L'écolo Jadot joue son va-tout
Tandis qu'Hidalgo recherche son âme sœur

Pécresse positive à contre-cœur
Candidats candides sans reproche ni peur
Tous ensemble pour choisir sans atout.

45

Assaillir

Boycotter la vodka du diable
Sans modération, dégâts irrémédiables
Poutine ne sera bientôt plus
Même sa fille le désigne reclus.

Roublard pour la gaz quel abus!
Tu t'étonnes pour le méthane, fiable?
Euros dollars monnaies minables?
Venger de la rétorsion quel soviet us!

Guerre d'obus sur Marioupol
Après conquête du Donbass en survol
Cette fois, il nous lasse interdit; devant le fort Biden

Putler rivalise avec Ben Laden
Tous les ukrainiens vêtus de loden
Je ne me ferai pas l'avocat en dol.

EPILOGUE

Dis Pas papa

Pas de passat pour papa
Ni papaye ni paprika
Paperasse autour d'un hanap
Des papous en exil partout
Les papilles de papa sont en paix
Le pape pile le mal pour en faire du bien
Il influence notre conscience sans sex-appeal
Papa aie! Car Hamel hanchons
Caramel-enchons la paix qui nous reste.
L'épaule d'un bipolaire
Chevauchant comme Jonas un épaulard;
Paroles d'égérie pleines de reproches
Grattage sans rapport
Biographie d'homme d'élite
Miracle de le guerre, du carême en guérison.
Quel sens a ma vie hors habitudes?
Manger pour vivre ou vivre pour manger?
Propension à dépenser en bon consumériste.
Vénérer Jésus, être spirituel.
Envoi par mail d'un contact aléatoire.
Comment survivre à l'idée du ramadan concomitant?
Lorsque son anniversaire est le vendredi Saint
Une peinture peut sembler donner un sens à la vie.
Je suis un être sans puissance ni relation, ennuyeux.
Je professe l'arrêt du bowling et ses excès.
Dent brisée derrière mon masque
Dieu est autre, l'auteur de ma veille
Qui me libérera de cet ennui de vivre?

Savoir se libérer par la conversion du cœur
Et la réconciliation, toujours spectateur rarement acteur.
Salut! Joyeuse nouvelle, psaume 4.
Je suis mortel, un suicide raté sans notaire.
Ambitieux civil désargenté et miséreux.
Je suis en recherche du paraclet, de sa consolation.
Esprit de Dieu, pourquoi m'as-tu abandonné
Service militaire obligé en sursis
Avec une pulsion sexuelle réitérée.
Convulsions en plaisir solitaire oublié
Je suis devenu un plant de légumes sans graine.
Un être asocial presque indifférent.
Handicaps: ouïe, vue, dentition
Constat majoré par la douleur de l'épaule et du pied droit.
Souffrir de la culpabilisation la mort dans l'âme
Selon jugement de son attitude et son comportement.
Quand faire son examen de conscience? Ici et maintenant!
Merci Seigneur pour mes bonnes jambes et des organes
Intacts de toute lésion apparente.
Pourquoi tant de haine dans les médias?
Pourquoi tant de misères devant le mystère?
Eh! bien dansez et chantez maintenant!
N'ai je donc tant attendu pour avoir la foi.
Celui qui n'agit pas selon son être
Peut-il se reprocher de ne rien faire?
Il ne reste rien que l'Esprit après le charité.
Le cœur a la singulière puissance de donner
Du prix à des riens.
Quand j'écris en méditation je ne suis plus très sûr
D'être aussi bon que Dieu le voudrait.
Mon Dieu faites que je ne me fasse pas
Trop de souci et d'autosatisfaction

Pour cette chose encombrante que j'appelle moi!
En fait avec la charité mon examen de conscience
Prend le sens d'un bilan comptable.

Les vieux, selon le Père Guy Gilbert sont des taupes et des hérissons. Je dis qu'ils ont le cul sous le chignon et leurs pensées lubriques ne dépassent pas le seuil de leur conscience en restant secrètes voire refoulées; aucunement on ne peut lire leurs pensées luxurieuses.

Titres des poésies incluses dans ce recueil.

Photo	page 1
Idées	pages 2, 3, 4
Synchronicité	page 5
Ode meilleurs voeux	pages 6,7
Au bout de la nuit	page 8
Caissière	page 9
Pamphlet	pages 10,11
Sonnet d'égo	page 12
Un homme sur la lune	page 13
Onzain	pages 14,15
L'or de ténèbres	page 16
L'aventure de la littérature	page 17
Oh Marie	page 18
Accompagnement	page 19
Requête pour faire taire des sectaires minoritaires	page 20
Soumission	page 21
Marie pleine de grâce	page 22
Abscon	page 23
Ventilo près du cubilot	page 24
Justice gratuite	page 25
Annexion ou non	page 26
Un clou dans le cloud	page 27
Carabistouille ouille	pages 28,29
Anniversaire un Vendredi Saint	page 30
Liberté chérie	page 31
Colonel Barbier	page 32
Vladimir Poutine	page 33
La guerre selon Poutine	page 34

Claude à Martine Faustine Justine
Et Emeline   pages 35,36,37
Tout va bien RAS   page 38
Oh papy   page 39
Espoir déçu   page 40
Beauf, bof   page 41
Ange ou démon   page 42
Carême   page 43
Elections et candidats   page 44
Assaillir   page 45
Dis pas Papa - EPILOGUE   page 46

Loi n°49-956 du 16 juillet 1949 sur les publications destinées à la jeunesse, modifiée par la loi n°2011-525 du 17 mai 2011.

© 2022, claude pariset
Édition : BoD – Books on Demand,
12/14 rond-point des Champs-Élysées, 75008 Paris
Impression : BoD - Books on Demand,
Norderstedt, Allemagne
ISBN : 9782322402526
Dépôt légal : Avril 2022